RENÉ FAGE

DEUX LETTRES
DE MASCARON

A

MADEMOISELLE DE SCUDÉRY

TULLE
IMPRIMERIE DE J. MAZEYRIE

1885

DEUX LETTRES DE MASCARON

A MADEMOISELLE DE SCUDÉRY

RENÉ FAGE

DEUX LETTRES
DE MASCARON

A

MADEMOISELLE DE SCUDÉRY

TULLE

IMPRIMERIE DE J. MAZEYRIE

1885

DEUX LETTRES DE MASCARON

A MADEMOISELLE DE SCUDÉRY

Jules Mascaron occupe incontestablement un des premiers rangs dans la galerie de nos prélats limousins. Au siècle de Bossuet, ses Oraisons funèbres, ses sermons prêchés devant la Cour ont soulevé une universelle admiration ; son éloquence a disputé le prix à celle de Fléchier et de Bourdaloue. Si notre époque, plus sévère en matière de critique littéraire, a vu faiblir l'éclat de sa gloire, il n'est pas moins resté, malgré ses défaillances, un grand orateur de la chaire.

Sa figure était digne d'être mise en lumière.

En outre des articles qui lui sont consacrés dans les recueils biographiques, Mascaron a été, dans ces derniers temps, l'objet d'études importantes.

L'abbé Bayle, en 1857, l'abbé Blampignon, en 1870, et M. Lehanneur, en 1878, ont écrit sur le célèbre prélat des monographies étendues, pleines de précieux renseignements et de judicieux aperçus. Le laborieux et érudit historien des évêques de Tulle, M. l'abbé Niel, a retracé, en termes excellents, sa brillante carrière (1). Enfin M. Philippe Tamizey de Larroque, correspondant de l'Institut, a fait imprimer en 1863 des *Notes pour servir à la Biographie de Mascaron, écrites par lui-même* (2), et a publié et annoté tout récemment (1884) quinze lettres adressées par l'ancien évêque de Tulle à Etienne Baluze. On annonce que le P. Ingold, de l'Oratoire, prépare un recueil de sermons inédits de

---

(1) *Bulletin de la Société des Lettres, Sciences et Arts de la Corrèze*, 3º livraison de 1880, pp. 213-234.

(2) *Notes pour servir à la Biographie de Mascaron, évêque d'Agen, écrites par lui-même et publiées pour la première fois par* Philippe Tamizey de Larroque, (Extrait du *Recueil des travaux de la Société d'Agriculture, Sciences et Arts d'Agen*), Paris, Durand, 1863. Brochure in-8º de 15 pages.

Ces notes avaient été fournies par Mascaron à Baluze pour faciliter ce dernier dans la rédaction du chapitre qu'il consacre à son épiscopat dans l'Histoire de Tulle. Elles ont été fidèlement suivies par Baluze. Nous croyons intéressant néanmoins de reproduire ici le passage de ce document, qui se réfère à l'administration de notre diocèse par Mascaron :

« Je pris possession de l'évêché de Tulle le vingt et cinquiesme mai de la mesme année 1672 par procureur qui fut Jean de Roche, prestre du diocèse de Limoges, natif de Brive.

« Je fis mon entrée solennelle à Tulle le dix-huit de juin de la même année. J'y preschai le jour de la Saint-Jean suivant. J'ay fait par moi-mesme deux fois la visite générale de ce diocèse et une fois par M. Pierre Estienne Collier, mon vicaire général. J'y ay esteint le petit monastère des religieuses bénédictines qui n'avoient pas de quoy subsister, et dans l'endroit où elles estoient j'ay mis la première pierre du bastiment de l'hospital général. Cela se fit avec une procession générale. On y a depuis uni l'hospital des malades. J'ay acquis de Messieurs le Doyen et le Chantre,

Mascaron, et que M. l'abbé Verlaque va prochainement donner une douzaine de ses lettres et quelques documents relatifs à sa famille.

Sa correspondance formerait un recueil des plus curieux, grâce auquel on pourrait définitivement fixer la physionomie du grand prédicateur. « La partie la plus intéressante de ce recueil, a écrit M. Tamizey de Larroque, serait assurément la correspondance de Mascaron avec Mademoiselle de Scudéry. M. Monmerqué, et, plus tard, MM. Rathery et Boutron, ont publié quelques-unes des plus jolies lettres à l'auteur de *Clélie*. On vient de vendre dernièrement (30 avril 1884), quatorze lettres autographes adressées par le saint évêque, de 1671 à 1687, à sa spirituelle amie (1). »

---

deux masures qu'ils avoient joignant la maison épiscopale où j'ay fait le jardin. Ça esté par mes soins et pour remédier aux indécenses que les commerces publics causent devant les lieux saints que les halles où l'on tenoit les marchés deux fois la semaine devant l'une des grandes portes de l'église Cathédrale, la grande porte de l'église paroissielle de Saint-Julien et prosche du cimetière, ont esté transférées en deux quartiers différens de la ville où les marchés se tiennent alternativement par année.

« Le vingt-six d'aoust, en 1676, le roy me donna une pension de trois mille livres sur l'archevesché d'Alby, en nommant à cet archevesché messire Hyacinthe Serroni, auparavant évesque de Mandes.

« J'ay esté appelé deux foys par le Roy à Paris pour aller prescher le Caresme devant Sa Majesté, et une fois prié d'y aller par Mgr le Cardinal de Bouillon pour faire l'oraison funèbre de feu M. de Turenne.

« J'ay commencé d'intenter le procès pour establir la juridiction épiscopale sur les personnes des chanoines que Mgr. Ancelin a depuis terminé à l'advantage des évesques, et la veille du jour que je devois partir pour aller poursuivre cette affaire au conseil du Roy, où je l'avois fait évoquer, j'appris que Sa Majesté m'avoit fait l'honneur de me nommer à l'évesché d'Agen le 24 de février 1679, Jour de saint Mathias, estant absent... »

(1) *Lettres et billets inédits de Jules Mascaron, évêque de Tulle et d'Agen, publiés par* Philippe Tamizey de Larroque. *Marmande, librairie Duberort,* 1884 p. 3, note 3.

Dans le catalogue de la vente dressé par M. Eugène Charavay (1), cette précieuse collection était ainsi inventoriée :

« 14 lettres autographes signées, à Mlle de Scudéry ; 1671-1687 ; 34 pages petit in-4° ; Cachets à ses armes. La plupart montées. Précieuse correspondance d'une grande importance au point de vue historique et pour la vie de Mascaron. En voici une analyse sommaire :

« *Décembre* 1671. Il ne pourra prononcer le sermon promis à Mlle de Lamoignon.

« *Tulle, 23 juin* 1673 (2). Il lui raconte son arrivée dans son diocèse ; il fait l'éloge de François de La Fayette, évêque de Limoges, chez lequel il a logé. Description de la ville de Tulle et du palais épiscopal. Les harangues qu'on lui a adressées ont été parfois spirituelles et toujours pleines de bon sens. Il vient d'apprendre aussi les conquêtes du roi dans la Hollande.

« *Tulle, 14 mai* 1674. « Le cardinal de Bouillon me presse d'aller encore prescher le caresme prochain devant le roy à condition de ne prescher que les sermons qui ont été les plus agréables au roy et m'y exhorte par l'exemple du père Bourdaloue qui n'a presque rien dit de nouveau. »

« *Tulle, 12 octobre* 1674. Il voyage à cheval par les lieux les plus sauvages de son diocèse. Dans les sermons qu'il prépare pour la Cour, les œuvres de Mlle de Scudéry seront souvent à côté de saint Augustin et de saint Bernard.

« *Tulle, 23 novembre* 1674. Il voudrait prêcher le carême de

---

(1) *Catalogue d'une précieuse collection de lettres autographes et de pièces historiques provenant de M. Monmerqué (Paris)*, Eugène Charavay, 1884, in-8, p. 29.

(2) Cette lettre ne porte d'autre date que « le 23 de juin ». L'indication de l'année 1673 a été écrite au crayon postérieurement. C'est là une erreur évidente. Mascaron a fait son entrée à Tulle le 18 juin 1672, et sa lettre à Mlle de Scudéry a suivi de près cet événement ; elle est du 23 juin 1672.

1675 à la Cour « si vous avez un moyen seur, Mademoiselle, pour engager M. le cardinal de Bouillon de me proposer à Pasques au roy secrètement ou à la teste des autres prédicateurs...et de garder le secret en cas que le roi est (*sic*) nommé un autre je vous aurois bien de l'obligation. Si M. le maréchal de Crequy estoit bien avec M. de Turenne, je m'adresserai à luy. »

« *Tulle, 5 septembre* 1675. Je viens de recevoir une lettre de M. le cardinal de Bouillon qui me prie de me rendre à Paris pour y faire aux Carmélites l'oraison funèbre de M. de Turenne. Ce sera, je pense, aux Carmélites où son cœur sera inhumé. Cette action est de la dernière conséquence du monde pour moy et pour ma gloire et pour ma fortune. »

« *Tulle, 9 janvier* 1676. Le père Lenay (Lenet) a dû lui envoyer six exemplaires de son oraison funèbre et autant à M. de Pellisson. Il se plaint de la mauvaise impression du texte ; la mort de son imprimeur en est cause. Le cardinal de Bouillon lui a donné une chapelle de 300 livres et un bénéfice qui ne vaut pas 2000 francs.

« 12 *juillet* 1678. Il félicite Mlle de Scudéry d'un madrigal de six vers en l'honneur de Louis XIV.

« *Agen*, 7 *janvier* 1685. Eloge des 4 volumes de *Conversations* de Mlle de Scudéry.

« *Agen*, 7 *février* 1687. Il regrette la mort du maréchal de Créqui ; c'était le dernier des protecteurs qui lui restaient à la Cour ; avant lui sont morts le duc d'Estrées, le comte de Montaigu ; enfin la maison de Bouillon est tombée en disgrâce. Il espère que la maréchale de Créqui supportera son malheur avec une fermeté romaine. »

Cette précieuse collection, formée par M. Monmerqué, a été vendue à l'hôtel des commissaires-priseurs de Paris, et achetée par M. A.-W. Thibaudeau pour le compte d'un des plus riches amateurs d'autographes de Londres, M. Alfred Morrison. Elle n'est pas entièrement perdue pour nous. Nous devons, en effet, à l'obligeance de MM. Thibaudeau et Morrison une copie, soigneusement collationnée par M. Eugène Charavay, des deux lettres où Mascaron parle à Mlle de Scudéry de son diocèse de Tulle.

La première de ces lettres, complètement inédite, a été écrite cinq jours après l'entrée solennelle du nouvel évêque.

A son départ de Paris, il avait promis à Mlle de Scudéry de lui donner des nouvelles de son voyage et de lui tracer le tableau de sa ville épiscopale. La lettre répond à ce double engagement.

A Tulle, le 23 de juin (1672).

I'obeys avec bien de la ioye, Mademoyselle, à l'ordre que vous m'aves donné de vous rendre compte de mon voyage et de vous dire au vray quelle est la situation de la ville où il a plû a Dieu de marquer ma résidence. Vostre curiosité est une marque de la bonté que vous aves pour moy et l'exacte obeyssance que ie vous rends vous prouvera [que] ie n'oublieray iamais rien de tout ce qui pourra me faire mériter vostre amitié.

Mon voyage a esté tres heureux non seulement parcequ'il ne m'est arrivé aucun accident fascheux mais parceque iay rencontré dans le cœur de tous mes anciens amys que iay vûs sur ma route les mesmes sentiments d'amitié qu'ils avoient autrefois pour moy. Vous scavez si bien aymer Mademoyselle que vous ne trouveres pas mauvais que ie vous mette ceste particularité au nombre des plaisirs de mon voyage.

Iay logé, en passant à Limoges, chez Monseigneur l'Evesque et ie ne puis m'empescher de vous dire que c'est un des plus grands prélats de l'Eglise. Il y a tant de droiture dans ses sentiments, tant de fermeté dans sa conduitte, tant de bonté dans son cœur et tant d'honesteté dans toutes ses manières que pour estre un prélat accomply ie souhaitterois estre aussy bien son voysin par l'imitation de ses vertus que par la proximité de nos eveschés. Il est de la maison de la Fayette (1).

S'il ne fallai point venir à Tulle elle seroit une fort iolie ville. Le valon où elle est située est tres beau et on trouve au sortir des portes, des prairies, des collines couvertes de bois, des enfoncements, des ruisseaux qui sont tres propres à faire resver et qui peuvent en quelque manière consoler de la perte de ces grandes et belles vues que ie viens de quitter au tour de Paris. La ville est haute et basse ; il y a des quays sur la rivière bien entretenus. Les maisons sont beaucoup plus belles qu'a Limoges et qu'a Poitiers.

---

(1) François de la Fayette, comte de Lyon, premier aumônier de la reine, conseiller d'Etat.

Iai dans mon palais épiscopal deux grands apartements sur la rivière (1), composés chacun d'une grande et belle salle de trois croisées de chaque costé, d'une chambre à alcove, d'un cabinet et d'une grande garderobe. Si mon église cathédrale n'estoit obscure, elle pourroit passer pour belle. Il y a beaucoup de communautés d'hommes et de filles. Mais tout cela ne me fait point oublier que les abords de la ville sont si rudes et que la descente paroist si grande qu'on croit se précipiter dans les abysmes quand on y arrive (2), et ainsi je ne suis point surpris que ceux qui ne font que passer par Tulle en disent du mal et que ceux qui y séjournent en disent du bien.

On m'y a receu non seulement avec affection, mais ie puis dire avec quelque sorte de magnificence. Il y avait plus de quinze cents hommes sous les armes, et plus de trois cents cavaliers vindrent au devant de moy a une grande lieue de la ville. Il me fut impossible d'empescher tout ce tumulte quoyque depuis plus de trois mois j'eusse pris des mesures pour entrer avec moins de bruit. Il y a eu de l'esprit dans beaucoup de harangues, du bon sens presque dans toutes, et ce n'est pas estre malheureux lorsque sur trente compliments que l'on est obligé d'escouter, il ne s'en trouve que deux ou trois d'impertinents.

---

(1) Le palais épiscopal était situé sur la rive droite de la Corrèze, près du pont Choisinet.
(2) Mascaron est arrivé à Tulle par la rue du Fouret.

Pour le revenû de l'Evesché il est si petit que si le Roy n'a la bonté de m'ayder il me sera absolument impossible de vivre avec quelque sorte de décence. Tout y est si rabaissé que les meilleurs fermes son reduittes a rien.

Voyla, Mademoyselle, le recit fidelle de tout ce qui regarde mon arrivée en ce pays. Une des plus douces pensées qui m'y occupera est que si ie suis dans un pays qui paroist avoir quelque chose de sauvage à ceux qui ne scavent pas resver iay quelque place dans vostre esprit et dans vostre cœur qui sont les lieux de la plus grande politesse et de la plus inviolable fidélité. Faites moy la justice de croire que i'estime cette place plus qu'un empire et que ie n'en suis pas entierement indigne par le respect, la vénération et la fidélité avec lesquelles ie serai toute ma vie, Mademoyselle, vostre tres humble et tres obeyssant serviteur.

JULES, Evesque de Tulle.

Iay apris les conquestes du Roy avec bien toutte la ioye que sa gloire doist donner a un bon François et tout le deplaisir en mesme temps des morts et des blessures qu'il en a coustés à tant de braves gens. Ayes ie vous prie, Mademoyselle, la bonté de me faire scavoir de vos nouvelles et de M. de Pelisson que ihonore et que iayme plus qaucun homme du monde.

De peur que la rudesse du pays ne devienne contagieuse pour moy ie vous prie de m'envoyer tout ce qui vous tombera de [beau] entre les mains ou tout ce qui sortira des vostres qui en sont la plus pure source.

L'impression du nouvel évêque est nettement favorable. Le caractère intime de sa lettre ne laisse aucun doute sur la sincérité de son sentiment. Il est touché de l'accueil empressé et respectueux qu'il vient de recevoir. Les abords si difficiles de la cité, la rue du Fouret, à pente si roide que les chevaux et les mulets ont peine à la descendre, ne l'ont pas découragé. Il admire le vallon où la ville est située, les collines ombragées qui l'entourent, les deux petites rivières où se mirent les maisons de ses quais. Son modeste palais ne lui déplaît pas ; il en fait volontiers connaître le détail à sa vieille et fidèle amie.

Les nombreux discours qui lui ont été adressés lui ont déjà permis de juger que les habitants ne manquent ni d'esprit ni de bon sens. Ce pays, à l'aspect sauvage, est hospitalier ; on peut y vivre agréablement lorsqu'on sait rêver. Ceux qui ne le voient qu'en passant en disent du mal ; mais ceux qui y séjournent se prennent à l'aimer.

Cette appréciation, tout à l'honneur de nos ancêtres, les venge des railleries dont ils ont été souvent victimes de la part des contemporains de Mascaron. Le tableau de Tulle, très simplement tracé, est charmant ; et nous ne saurions nous plaindre du trait final par lequel l'évêque rappelle la rudesse du pays, lorsque nous voyons ce caractère sauvage du Limousin mis en opposition avec l'esprit et le cœur de Mademoiselle de Scudéry « qui sont les lieux de la plus grande politesse. »

L'auteur de *Clélie*, la *reine de Tendre*, comme on disait alors, était habituée aux compliments de ce genre. Mascaron n'était pas le seul prélat qui déposât à ses pieds des couronnes. Le savant Huet, évêque d'Avranches, était un de ses admirateurs ; Godeau, évêque de Vence, chantait en vers ses louanges ; le vertueux Massillon, Etienne Le Camus, futur cardinal, avaient été gagnés par son esprit. Fléchier professait une telle estime pour ses ouvrages qu'il avait envie d'en distribuer dans son diocèse, lui écrivait-il, « pour édifier les gens de bien et pour donner un bon modèle de morale à ceux qui la prêchent (1). »

De toutes ces amitiés celle de l'évêque de Tulle fut peut-être la plus fidèle, ne se démentit pas pendant quarante années. Elle datait de la jeunesse de Mascaron, de l'époque où Georges de Scudéry, frère de Madeleine, avait été envoyé à Marseille, en qualité de gouverneur de Notre-Dame de La Garde (1642). Madeleine de Scudéry avait accompagné son frère. Ils firent, à Marseille, la connaissance de Pierre-Antoine Mascaron, écrivain et jurisconsulte, père de l'orateur. A leur retour à Paris, ils introduisirent Jules Mascaron à l'hôtel de Rambouillet. Le futur évêque de Tulle put y rencontrer encore Bossuet et Corneille, La Fontaine, le sévère Boileau lui-même qui n'écrivit contre les

---

(1) Lettre du 26 décembre 1685, citée en note par MM. Rathery et Boutron dans leur livre intitulé : *Mademoiselle de Scudéry, sa vie et sa correspondance* ; p. 117.

beaux-esprits sa mordante satire des *Héros du Roman* qu'après la mort de Mademoiselle de Scudéry (1). Lorsque l'*admirable Clélie* (2) tint maison à son tour, la plupart de ces graves personnages se firent un devoir de fréquenter son salon. Dans un cercle plus étroit se groupaient autour d'elle son amoureux en titre Conrart, qui fut remplacé plus tard dans ces fonctions toutes platoniques (3) par Pelisson, et puis le duc de Saint-Aignan, Ysarn, du Plessis-Guénégaud, les poètes Chapelain et Sarrazin, tous beaux-esprits, rédacteurs de cette Gazette de Tendre où les madrigaux étaient datés du « mois des roses, l'an de la fondation d'amour. »

---

(1) On se souvient de ces vers de Boileau :

> « Gardez-vous de donner, ainsi que dans Clélie,
> L'air ni l'esprit français à l'antique Italie ;
> Et sous des noms romains faisant notre portrait,
> Peindre Caton galant et Brutus dameret. »

(2) On donnait assez communément à Madeleine de Scudéry les noms des héroïnes des ses romans : Clélie, Sapho. Godeau l'appelait « l'admirable Clélie ». Cet enthousiasme n'était nullement justifié par la figure de la célèbre demoiselle ; « c'est une grande personne, maigre et noire, a écrit Tallemant des Réaux, et qui a le visage fort long. » Une dame de ses amies, Madame Cornuel, faisant allusion aux nombreux romans qu'elle avait écrits et à la noirceur de sa peau, disait « qu'elle était destinée par la Providence à barbouiller du papier, puisqu'elle suait l'encre par tous les pores. » Elle convenait elle-même de sa laideur et écrivit sur son portrait le quatrain suivant :

> « Nanteuil, en faisant mon image,
> A de son art divin signalé le pouvoir :
> Je hais mes traits dans mon miroir,
> Je les aime dans son ouvrage. »

(3) La vertu de Mademoiselle de Scudéry n'a jamais été contestée. Ses romans sont pleins de la galanterie la plus affinée ; mais elle ne connaissait, dit Sainte-Beuve, les mouvements de l'amour que par la réflexion, l'observation, et par celles de ses amies qui en avaient eu.

Dans ce monde artificiel, où l'affectation et le recherché passaient pour le suprême bon goût, Mascaron avait contracté des habitudes de langage et des manières précieuses dont il ne sut pas se débarrasser même après son départ de Paris. Sa lettre du 23 juin 1672 se ressent du ton de l'hôtel de Rambouillet. Mademoiselle de Scudéry, en lisant le compliment que lui adressait le nouvel évêque, n'avait pas à douter de l'*inviolable fidélité* de son admirateur, et devait *lui faire la justice de croire* qu'il était toujours digne d'occuper *dans son esprit et dans son cœur une place qu'il estimait plus qu'un empire.*

« Il est impossible que cela ne soit bon, quand cela n'est point noyé dans son grand roman (1), » écrivait Madame de Sévigné à son fils, en parlant des *Conversations morales* de Mlle de Scudéry. Fléchier s'était proposé de distribuer cet ouvrage aux prêtres de son diocèse, *comme un bon modèle de morale à ceux qui la prêchent*. Dans la lettre suivante, l'évêque de Tulle va pousser plus loin l'enthousiasme en mettant l'auteur de *Clélie* et de *Cyrus* sur le même rang que saint Augustin et saint Bernard.

Tulle, le 12 d'octobre (1674).

Je crois qu'a l'heure qu'il est un gentilhomme de cette ville aura esté vous rendre mes respects et vous

---

(1) Lettre du 25 septembre 1680.

présenter six paires de gants de fil. Je ne les ay pas accompagnés d'une lettre parceque ie n'estois point en cette ville lorsqu'il en partist et que ie n'apris le voyage qu'il alloit faire à Paris que lorsque ie montois a cheval pour en commencer un dans les lieux les plus sauvages de mon diocèse. Pardonnes moy s'il vous plait cette irrégularité, Mademoyselle, et receves avec bonté l'unique ouvrage que l'adresse de mes habitants peut produire.

Iay apris avec bien de la ioye toutes les adventures de Monsieur de Pélisson. Ce coup de foudre qui le menaça de si pres ne servira qu'a attacher à sa personne la vénération qu'avoient les anciens pour les lieux frappés du ciel, et il sera difficile de s'empêcher de souhaitter qu'on le vole souvent puisque ces pertes ne sont que d'un moment et qu'elles luy attirent de la part de son maistre des réparations si glorieuses. Il n'aura iamais tant de gloire et de prospérité que ie luy en souhaitte. (1)

Quoyque vous n'ayies eu le public en vue dans

---

(1) Cette première partie de la lettre du 12 octobre 1674 est inédite. Les paragraphes suivants ont été publiés (avec la date inexacte de 12 octobre 1672) par M. Monmerqué dans son article sur Madeleine de Scudéry *(Biographie universelle ancienne et moderne,* éditée par Michaud, 1825). Ils ont été reproduits par M. Lehanneur dans son ouvrage intitulé *Mascaron d'après des documents inédits,* La Rochelle, 1878, in-8º, p. 84. Enfin le paragraphe qui commence par ces mots: *L'occupation de mon automne,* a été cité par M. Victor Fournel dans la *Nouvelle Biographie générale,* publiée par Firmin Didot frères, 1857, article: *Madeleine de Scudéry.* Le surplus de la lettre est inédit.

tout ce que vous aves fait, ie scais très bon gré au public de vous avoir toujours en vue et de s'informer soigneusement de l'employ d'un loysir dont il me semble que vous deves quelque compte a toute la terre.

L'occupation de mon automne est la lecture de *Cyrus*, de *Clélie* et d'*Ibrahim*. Ces ouvrages ont toujours pour moy le charme de la nouveauté et iy trouve tant de choses propres pour reformer le monde que ie ne fais point de difficulté de vous advouer que dans les sermons que ie prépare pour la Cour vous seres tres souvent a costé de saint Augustin et de saint Bernard.

Mon vicaire général que iay chargé de vous asseurer de mes respects vous rendra compte de mes autres occupations. Je me suis si bien fait à ma solitude, et la petitesse de mon diocese m'accommode si fort que s'il plaist à sa majesté d'augmenter un peu mon revenu ie me tiendrois aussy heureux que le plus riche prelat du royaume. Il en sera ce qu'il plaira a Dieu, et ie seray toute ma vie plus que tous les hommes du monde, Mademoyselle, vostre tres humble et tres obeyssant serviteur.

Jules, E. de Tulle.

Mr de Périgueux (1) et moy avons fait partie de faire

---

(1) Mgr G. Le Boux.

une course de dix iours à Bordeaux, à la Saint-Martin pour voir Mr le premier président (1) et pour nous trouver à la harangue qu'il faira à l'ouverture du Parlement. Je vous prie, Mademoyselle, de ne parler de ce dessein a personne.

Les amis de Madeleine de Scudéry avaient une place à part dans le cœur de Mascaron. Il témoignait pour tous de l'estime et de l'attachement ; mais c'était une véritable vénération qu'avait le saint Evêque pour le favori du moment, Paul Pelisson, aussi zélé courtisan que médiocre historien. Il l'honore et l'aime plus qu'aucun homme, et trouve qu'il n'y aura jamais assez de gloire et de prospérité pour lui.

Mascaron, qui recevait de son amie les livres nouveaux, ne manquait pas de lui faire d'agréables présents. Sa lettre du 12 octobre 1674 nous apprend qu'il lui a envoyé six paires de gants de fil, « l'unique ouvrage, dit-il, que l'adresse de mes habitants peut produire. » Il s'agit, à n'en pas douter, de gants en *point de Tulle*, montés et brodés par les filles du pays. Nous savons que Baluze faisait, à la même époque, des cadeaux de ce genre aux dames de son entourage (2). La dentelle était la seule production tulliste qui pût plaire à une élégante Parisienne.

---

(1) Le premier président d'Aulède de Lestonac. Mascaron avait été mis en relation avec ce magistrat par Mademoiselle de Scudéry. Voir, dans l'ouvrage, dejà cité, de MM. Rathery et Boutron, p. 465, la lettre de Mascaron à Madeleine de Scudéry, en date du 5 janvier 1673.

(2) Voir notre notice sur *le Point de Tulle*, Tulle, Crauffon, 1882, in-8°, pp. 11-15.

Il lui faisait part aussi de ses sermons, de ses oraisons funèbres. « Je ne manquerez pas de faire copier les sermons que vous desirez. Je souhaite qu'ils puissent vous plaire ; votre approbation me donnera une joie moins tumultueuse à la vérité, mais plus solide que celle de toute la cour, et votre sentiment réglera celui que j'en dois avoir (1). » Sa confiance dans le jugement et le savoir de Mademoiselle de Scudéry était si absolue, qu'il l'invitait, en quelque sorte, à collaborer à ses panégyriques. Le 5 septembre 1675, en lui annonçant qu'il a été chargé par le cardinal de Bouillon de prononcer aux Carmélites l'oraison funèbre de Turenne, il lui exprime le regret d'avoir trop peu de temps pour préparer son sermon et lui fait part de son embarras. « Vous pouvez, Mademoiselle, ajoute-t-il, m'aider à éviter ces inconvénients, si vous avez la bonté de penser un peu à ce que vous diriez si vous étiez chargée du même emploi. Je vous le demande très instamment, et je sais bien à qui je m'adresse. Si j'avais plus de temps et si je passionnais moins le succès de cette affaire, je ne prendrais pas cette liberté ; mais je suis comme un homme pressé qui est obligé d'emprunter de tous côtés pour faire la somme qu'on lui demande (2). »

Mademoiselle de Scudéry citée en chaire à côté de saint Bernard et de saint Augustin ; la *reine de Tendre* aidant Mascaron de ses inspirations et collaborant à l'oraison funèbre de Turenne,

---

(1) Lettre citée dans l'ouvrage de MM. Rathery et Boutron, p. 128.

(2) Lettre publiée par M. Monmerqué dans sa notice sur Madeleine de Scudéry *(Biographie universelle ancienne et moderne*, éditée par Michaud).

voilà les choses surprenantes que nous lisons dans la précieuse collection d'autographes achetée par M. Morrison.

Ces lettres n'ont été utilisées qu'en partie par M. Monmerqué ; il est fâcheux qu'elles soient allées grossir des archives étrangères avant d'avoir été complètement publiées (1) : on peut, par celles que nous donnons aujourd'hui, juger de l'intérêt qu'elles présentent. D'autres lettres du grand orateur à Madeleine de Scudéry sont éparses dans les collections particulières et dans nos grandes bibliothèques de Paris. Il n'a cessé de lui écrire jusqu'au jour où elle mourut, en 1701, à l'âge de quatre-vingt-quatorze ans. On pourrait, grâce à leur correspondance, ajouter un chapitre curieux à l'histoire littéraire de la fin du XVIIe siècle.

RENÉ FAGE.

---

(1) Cette notice a été lue dans la séance de la *Société Archéologique et historique* du Limousin, du mardi 25 novembre 1884. Les épreuves étaient en partie corrigées et les derniers feuillets remis à l'imprimeur, lorsqu'a paru, dans *Le Correspondant, recueil périodique*, (livraison du 25 novembre 1884), une étude du P. Ingold, de l'Oratoire, intitulée : *Mascaron et Mlle de Scudéry, d'après une correspondance inédite*. Cette correspondance inédite est celle qui a été achetée, le 30 avril 1884, par M. Morrison. Le P. Ingold a pu s'en procurer une copie, en s'adressant, comme nous l'avons fait nous-mêmes, à MM. Charavay et Thibaudeau, et il l'a publiée tout entière, à l'exception d'une lettre qui avait été produite déjà par M. l'abbé Blampignon.

DU MÊME AUTEUR

Excursions Limousines, Ire série (Brive, Aubazine, Cornil, Tulle). — Tulle, Crauffon, 1871, 1 vol. in-8°.

Excursions Limousines, IIe série (de Tulle a Ussel et a Eygurande).— Tulle, Crauffon, 1880, 1 volume in-8°.

Excursions Limousines, IIIe série (d'Eygurande a Largnac). — Tulle, Crauffon, 1883, 1 volume in-8°.

Restauration du Cloître de Tulle. (*Notes historiques.*) — Tulle, Crauffon, 1873, brochure in-8°.

Id. — 3e édition, dessins de M. E. Rupin et Note de M. Ph. Lalande. — Brive, Roche, 1879, in-8°.

Quelques procès Limousins devant le Parlement de Bordeaux. — Tulle, Crauffon, 1877, 1 volume in-8°.

La Maison de Ségur, *son origine, ses vicomtes*. — Limoges, Chapoulaud frères, 1878, brochure grand in-8°.

Note pour servir a l'Histoire de l'Imprimerie a Tulle. — Tulle, Crauffon, 1879, brochure in-8°.

La Maison de l'Abbé a Tulle, *eau-forte de M. P. Cappon*. — Tulle, Bossoutrot, 1879, br. in-4°.

L'Inondation de Saint-Roch a Tulle (16 août 1756). — Tulle, Crauffon, 1880, brochure in-8°.

La Numismatique Limousine a l'Exposition universelle de 1878. — Limoges, Chapoulaud frères, 1880, brochure grand in-8°.

Notice Bibliographique sur Eustorg de Beaulieu. — Tulle, Crauffon, 1880, brochure in-8°.

Une ancienne Justice : la Cour d'Appeaux de Ségur. — Limoges, Chapoulaud, frères, 1880, 1 vol. grand in-8°.

GUILLAUME SUDRE, CARDINAL LIMOUSIN, avec portrait et eau-forte de M. E. Rupin. — Brive, Roche, 1880, brochure in-8°.

LES ÉPITAPHES DU CLOÎTRE DE SAINT-MARTIN DE BRIVE. — Tulle, Crauffon, 1881, brochure in-8°.

JEAN-JOSEPH DUMONS, peintre d'histoire (1687-1779). — Tulle, Crauffon, 1881, brochure in-8°.

DISSERTATION D'ÉTIENNE BALUZE SUR SAINT CLAIR, SAINT LAUD, SAINT ULFARD ET SAINT BEAUMADE. — Tulle, Crauffon, 1881, brochure in-8°.

LES ŒUVRES DE BALUZE, *cataloguées et décrites*. — Tulle, Crauffon, 1882, 1 volume in-8°.

UN ÉPISODE DE LA FRONDE EN PROVINCE : TENTATIVE DE TRANSLATION A LIMOGES DU PARLEMENT DE BORDEAUX. — Limoges, Chapoulaud frères, 1882, brochure in-8°.

LE POINT DE TULLE. — Tulle, Crauffon, 1882, brochure in-8°.

LISTE DES CHATEAUX DU DIOCÈSE DE LIMOGES AVANT 1789, *suivie d'une liste complémentaire par M. Gaston de Lépinay*. — Brive, Roche, 1882, brochure in-8°.

LE CHATEAU DE PUY-DE-VAL, *description et histoire*, avec dessin et chromolithographies. — Tulle, Crauffon, 1883, brochure in-8°.

MOLIÈRE ET LES LIMOUSINS. — Limoges, Ducourtieux, 1883, brochure petit in-8°.

ID. — 2ᵉ édition, augmentée. — Limoges, Ducourtieux, 1884, broch. in-8°.

LETTRES INÉDITES DE BALUZE A M. MELON DU VERDIER, *publiées avec une Introduction et des Notes*. — Tulle, Crauffon, 1883, 1 vol. in-8°.

COMPLÉMENT DES ŒUVRES DE BALUZE *cataloguées et décrites*. — Tulle, Crauffon, 1884, brochure in-8°.

LES ANGLAIS A TULLE; LA LUNADE. — Limoges, Barbou, 1885, brochure in-8°.

LES BATAILLONS DE VOLONTAIRES DU LIMOUSIN. — Limoges, Barbou, 1885, brochure in-8°.

Tulle, imp. Mazeyrie

www.ingramcontent.com/pod-product-compliance
Lightning Source LLC
Chambersburg PA
CBHW060715050426
42451CB00010B/1448